Favorite Spanish
Art Songs

Low Voice

Edited by Richard Walters

T0055327

International Phonetic Alphabet Guide by Cynthia Gonzales
Companion recordings include:
Spanish pronunciation lessons followed by piano accompaniments.
Rose Rodriguez, native speaker, Laura Ward pianist.

To access companion recorded diction lessons
and accompaniments online, visit:
www.halleonard.com/mylibrary

Enter Code
2053-9456-9476-5267

Cover: Diego Velásquez, *Arachne*, 1648

ISBN 978-0-634-06029-8

HAL•LEONARD®
7777 W. BLUEMOUND RD. P.O. BOX 13819 MILWAUKEE, WI 53213

Visit Hal Leonard Online at
www.halleonard.com

A NOTE ON USING THE
INTERNATIONAL PHONETIC ALPHABET (IPA)

A general understanding of the International Phonetic Alphabet (IPA) is essential in order to gain the maximum benefit offered by this publication. It is impossible, of course, to rely solely on printed sources for perfect pronunciation in any language without the supplement of aural examples coupled with immediate verbal feedback. As a quick reference, however, a guide to the IPA symbols used in this book follows.

VOWELS

	SPANISH	ENGLISH
[a]	la	opera 1
[ɑ i]	ay	eye
[e]	llega	chaos 2
[ɛ]	estoy	met
[i]	mi	meat
[ɔ]	por	pore 3
[o i]	estoy	toy
[u]	suspira	blue

Spanish is spoken in many countries on different continents across the world, giving rise to numerous dialects. Thereby, it is challenging to assert the official pronunciation of many Spanish words, because pronunciation varies from location to location. IPA transcriptions in this volume typically recommend singing "a," "e," and "o" as open vowels, whereas some pronunciation guides recommend singing these as closed vowels.

1.   [a] is the initial vowel sound in the word "opera," with the corners of the mouth turned up slightly and the tongue laying flat in the mouth.

2.   The sound [e] does not actually occur in English as a pure monothong, but rather as part of the dipthong [eɪ], as in "stay" [steɪ]. The example "chaos" is a rare example of a relatively non-dipthongized [e].

3.   Round the lips when pronouncing [ɔ]. This sound is similar to [o], though the jaw is slightly more open.

CONSONANTS

	SPANISH	ENGLISH
[b]	boca	babe 1
[d]	del	---- 2
[ð]	lado	---- 3
[f]	ufano	father
[g]	bengo	eye
[j]	váyase	yellow

[k]	como	coat
[l]	la	la
[ʎ]	llega	million
[m]	majo	my
[n]	noche	no
[ɲ]	niña	canyon
[p]	pino	pint
[ɾ]	aire	---- 4
[r̃]	alcarraza	---- 4
[s]	así	solo
[t]	tus	---- 2
[w]	suelo	wait
[x]	jota	huge 5
[z]	desdenes	zoo
[ʧ]	chispero	chin

Although the IPA symbols used for Spanish and English are identical, subtle differences occur between these two languages with respect to consonant pronunciation.

1. [b] is less explosive and more fluid than in English. This is particularly true when pronouncing the written "v," as in the word "vida" [biða].

2. [d] and [t] are also less explosive. In English, the tip of the tongue starts on the hard palate directly above the upper front teeth. In Spanish, flatten the tip of the tongue against the back of the upper front teeth and create a wave in the tongue. The crest of the wave rests against the hard palate.

3. [ð] mixes into[d] the tongue placement of the English "th". Insert the tip of the tongue between closed teeth. Create a wave with the rest of the tongue, and place the crest of the wave against the hard palate.

4. In Spanish, a written "r" is either flipped [ɾ] or rolled [r̃]. At no time may it be pronounced as in English. When pronouncing [ɾ] and [r̃], the tip of the tongue starts on the hard palate, with the rest of the tongue positioned perpendicular to the hard palate. A common suggestion when learning to flip and roll "r" is to say the syllables "ta-da." For a flip, use the tongue position described above and say "da." For a roll, use the same tongue position and repeat "ta-da" as fast as possible until the tongue rolls voluntarily.

5. [x] in Spanish is like [x] in German: open the jaw separating the upper and lower teeth, flatten the tip of the tongue behind the lower front teeth, and push air over the tongue. It is like the initial puff of air at the beginning of the English word "huge." It is also the sound humans use to imitate a hissing cat.

About the Recorded Poems

The Spanish that is spoken in North America is most often of Latin American origin. Since this publication was designed to be used primarily in North America, our recorded native speaker is Latin American, rather than a native of Spain.

Asturiana (de Falla)
asturjana

Por ver si me consolaba
pɔr bɛɾ si mɛ kɔnsɔlaba

Arrímeme a un pino verde
aɾimɛmɛ a un pino bɛɾðɛ

Por verme llorar looraba
pɔr bɛɾmɛ ʎɔraɾ ʎɔraba

Y el pino como era verde
i ɛl pino kɔmɔ ɛra bɛɾðɛ

Canción (de Falla)
kansjɔn

Por traidores tus ojos
pɔr traiðɔrɛs tus oxos

Voy a enterrarlos
boi a ɛntɛɾarlɔs

No sabes lo que cuesta
nɔ sabɛs lɔ kɛ kwɛsta

Del aire
dɛl airɛ

Niña el mirarlos
niˠa ɛl miɾarlɔs

Madre a la orilla
madrɛ a la ɔriʎa

Dicen que no me quieres
disɛn kɛ nɔ mɛ kjɛrɛs

y a me has querido
i a mɛ as kwɛriðɔ

Váyase lo ganado
bajasɛ lɔ ganaðɔ

Por lo perdido
pɔr lɔ pɛrðiðɔ

Preludios (de Falla)
prɛluðjos

Madre todas las noches junto a mis rejas
madrɛ tɔðas las nɔʧɛs xuntɔ a mis ɾexas

canta un joven llorando indiferencia
kanta un xɔvɛn ʎɔrandɔ indifɛrɛnsja

Quiéreme niña y al pie de los altares serás bendita
kjɛrɛmɛ niɲa i al pjɛ dɛ lɔs altarɛs sɛras bɛndita

Esta dulce tonada tal poder tiene
ɛsta dulsɛ tɔnaða tal pɔðɛr tjɛnɛ

que me pone al oírla triste y alegre
kɛ mɛ pɔnɛ al ɔiɾla tristɛ i alɛgrɛ

Di por que causa entristecen y alegran estas tonadas
di pɔr kɛ kausa ɛntristɛsɛn i alɛgran ɛstas tɔnaðas

Hija lo que las niñas como tú sienten
ixa lɔ kɛ las niɲas kɔmɔ tu sjɛntɛn

cuando junto a sus rejas a cantar vienen
kwandɔ xuntɔ a sus ɾexas a kantar bjɛnɛn

es el preludio del poema más grande que hay en el mundo
ɛs ɛl prɛluðjo dɛl pɔɛma mas grandɛ kɛ ɑi ɛn ɛl mundɔ

Tornada en Santa Madre la Virgen pura
tɔrnaða ɛn santa madrɛ la birxɛn pura

tristezas y alegrías en ella turnan
tristɛsas i alɛgrias ɛn ɛʎa turnan

y este poema es niña
i ɛstɛ pɔɛma ɛs niɲa

el que ha empezado junto a tus rejas
ɛl kɛ a ɛmpɛsaðɔ xuntɔ a tus ɾexas

El mirar de la maja (Granados)
ɛl miɾaɾ dɛ la maxa

Porqué es en mis ojos tan hondo el mirar
pɔɾke ɛs ɛn mis ɔxɔs tan ɔndɔ ɛl miɾaɾ

que a fin de cortar desdenes y enojos
ke a fin de kɔɾtaɾ dezdɛnɛs i ɛnɔxɔs

los suelo entornar
lɔs swelɔ ɛntɔɾnaɾ

Qué fuego dentro llevarán
kɛ fwegɔ dɛntɾɔ ʎɛbaɾan

que si acaso con calor los clavo en mi amor
ke si akasɔ kɔn kalɔɾ lɔs klabɔ ɛn mi amɔɾ

sonrojo me dan
sɔnɾɔxɔ mɛ dan

Por eso el chispero a quien mi alma dí
pɔɾ ɛsɔ ɛl ʧispɛɾɔ a kjɛn mi alma di

al verse ante mí me tira el sombrero
al bɛɾse antɛ mi mɛ tiɾa ɛl sɔmbɾɛɾɔ

y diceme así Mi Maja no me mires más
i disɛme asi mi maxa nɔ mɛ miɾɛs mas

que tus ojos rayos son
kɛ tus ɔxɔs rajɔs sɔn

y ardiendo en pasión la muerte me dan
i aɾdjɛndɔ ɛn pasjɔn la mwɛɾtɛ mɛ dan

El majo tímido (Granados)
ɛl maxɔ timiðɔ

Llega a mi reja y me mira por
ʎega a mi rexa i mɛ miɾa pɔɾ

la noche un majo
la nɔʧe un maxɔ

que en cuanto me ve y suspira
ke ɛn kwantɔ mɛ be i suspiɾa

se va calle abajo
sɛ ba kaʎe abaxɔ

Ay qué tío más tardío
ai ke tiɔ mas taɾdiɔ

Si así se pasa la vida
si asi sɛ pasa la biða

estoy divertida
ɛstoi dibɛɾtiða

El tra la la y el punteado (Granados)
ɛl tɾa la la i ɛl punteaðɔ

Es en balde majo mio
ɛs ɛn balde maxɔ miɔ

que sigas hablando
kɛ sigas ablanðɔ

porque hay cosas que contesto
pɔɾke ai kɔsas kɛ kɔntɛstɔ

yo siempre cantando
jɔ sjɛmpɾɛ kantandɔ

por más que preguntes tanto
pɔɾ mas kɛ pɾɛguntɛs tantɔ

en mí no causas quebranto
ɛn mi nɔ kausas kɛbɾantɔ

ni yo he de salir de mi canto
ni jɔ ɛ de saliɾ dɛ mi kantɔ

Tra la la
tɾa la la

Con amores, la mi madre (Obradors)
kɔn amɔɾɛs la mi madɾe

Con amores la mi madre
kɔn amɔɾɛs la mi madɾe

con amores me dormí
kɔn amɔɾɛs mɛ dɔɾmi

Así dormida soñaba
asi dɔɾmiða sɔɲaba

Lo que el corazón velaba
lɔ ke ɛl kɔɾasɔn bɛlaba

Que el amor me consolaba
ke ɛl amɔɾ mɛ kɔnsɔlaba

Con más bien que merecí
kɔn mas bjɛn kɛ mɛɾɛsi

Adormecióme el favor
aðɔɾmɛsjɔme ɛl fabɔɾ

Que amor me dio con amor
ke amɔɾ mɛ djɔ kɔn amɔɾ

Dio descanso a mi dolor

Del cabello más sutil (Obradors)
dɛl kabeʎɔ mas sutil

Del cabello más sutil
dɛl kabeʎɔ mas sutil

Que tienes en tu trenzado
ke tjɛnɛs ɛn tu tɾɛnsaðɔ

He de hacer una cadena
ɛ dɛ asɛɾ una kaðɛna

Para traerte a mi lado
paɾa tɾaɛɾte a mi laðɔ

Una alcarraza en tu casa
una alkaɾasa ɛn tu kasa

Chiquilla quisiera ser
ʧikiʎa kisjɛɾa sɛɾ

para besarte en la boca
paɾa bɛsaɾte ɛn la bɔka

Quando fueras a beber
kwandɔ fwɛɾas a bɛbɛɾ

Ah
a

¿Corazón, porqué pasáis…? (Obradors)
kɔɾasɔn pɔɾkɛ pasɑis

Corazón porqué pasáis
kɔɾasɔn pɔɾkɛ pasɑis

las noches de amor despierto
las nɔʧes de amɔɾ dɛspjɛɾtɔ

si vuestro dueño descansa
si bwɛstɾɔ dwɛɲɔ dɛskansa

en los brazos de otro dueño
ɛn lɔs brasɔs de ɔtɾɔ dwɛɲɔ

Ah
a

La mi sola, Laureola (Obradors)
la mi sɔla lɑureɔla

La mi sola Laureola
la mi sɔla lɑureɔla

Yo el cautivo Leriano
jɔ ɛl kɑutibɔ lɛrjanɔ

Aunque mucho estoy ufano
ɑunkɛ muʧɔ ɛstoi ufanɔ

Herido de aquella mano
ɛriðɔ de akweʎa manɔ

Que en el mundo es una sola
ke ɛn ɛl munðɔ ɛs una sɔla

La paloma blanca (Folk Song)
la palɔma blanka

Yo soy tu paloma blanca
jɔ sor tu palɔma blanka

Tú eres mi pichón azul
tu ɛrɛs mi piʃɔn asul

Arrímame tu boquita
aȓimamɛ tu bɔkita

Para hacer cu ru cu ru
para asɛr ku ȓu ku ȓu

A la jota jota que baile Jesusito
a la xɔta xɔta ke bɑile xesusitɔ

cu ru cu ru cu ru
ku ȓu ku ȓu ku ȓu

Mi sueño (Folk Song)
mi sweɲɔ

Ay sin tu amor moriré sí mujer
ɑi sin tu amɔr mɔrirɛ si muxɛr

Porque tú eres ilusíon
pɔrkɛ tu ɛrɛs ilusjɔn

Tú le das al corazón
tu lɛ das al kɔrasɔn

la ventura que soñé
la bɛntura ke sɔɲɔ

no me mires así porque voy a morir
nɔ mɛ mirɛs asi pɔrkɛ boi a mɔrir

pues no puedo vivir con desprecio de ti
pwɛs nɔ pwɛðɔ bibir kɔn dɛsprɛsjɔ dɛ ti

Ay vuelve tú a mirar que es mi adoracíon
ɑi bwɛlbɛ tu a mirar ke ɛs mi aðɔrasjɔn

Tener tú con pasión
tɛnɛr tu kɔn pasjɔn

angel de amor
anxɛl de amɔr

que aquí vengo a pedir
ke aki bɛngɔ a pɛðir

E implorar el perdón
e implɔrar el pɛrdɔn

Por si fuese a morir Adiós
pɔr si fwɛse a mɔrir a djɔs

Asturiana

Siete canciones populares españolas

Asturiana

Por ver si me consolaba
Arrímeme a un pino verde
Por ver si me consolaba
Por verme llorar, lloraba.
Y el pino como era verde
Por verme llorar, lloraba.

Asturian song

To see if it would console me,
Tie me up to a green pine
To see if it would console me
Upon seeing me cry, it cried.
The pine tree, because it was green,
Upon seeing me cry, it cried.

Spanish Folk Poetry

Manuel de Falla
(1876-1946)

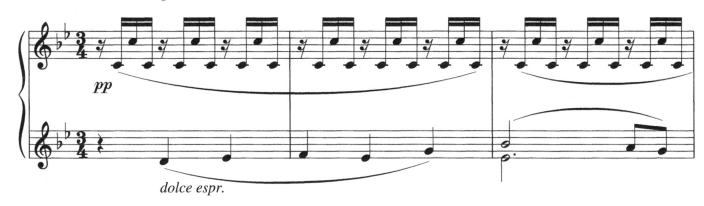

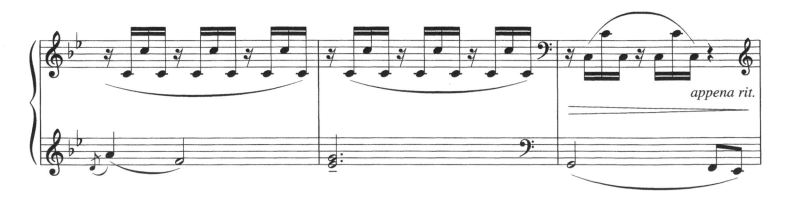

Canción

Siete canciones populares españolas

Canción	Song
Por traidores, tus ojos,	*Because they are traitors, your eyes,*
Voy a enterrarlos;	*I'm going to bury them;*
Por traidores, tus ojos,	*Because they are traitors, your eyes,*
Voy a enterrarlos;	*I'm going to bury them.*
No sabes lo que cuesta,	*You don't know what it cost,*
"Del aire"	*"In the air!"*
Niña, el mirarlos	*Dear, to see them,*
"Madre, a la orilla"	*"Mother, on the edge,"*
Niña, el mirarlos	*Dear, to see them,*
"Madre"	*"Mother,"*
Dicen que no me quieres,	*They say you don't love me,*
y a me has querido…	*And me you have loved…*
Dicen que no me quieres,	*They say you don't love me,*
y a me has querido…	*And me you have loved…*
Váyase lo ganado	*Away with what was won,*
"Del aire"	*"In the air"*
Por lo perdido.	*For what was lost.*
"Madre a la orilla"	*"Mother on the edge,"*
Por lo perdido.	*For what was lost,*
"Madre"	*"Mother."*

Spanish Folk Poetry

Manuel de Falla
(1876-1946)

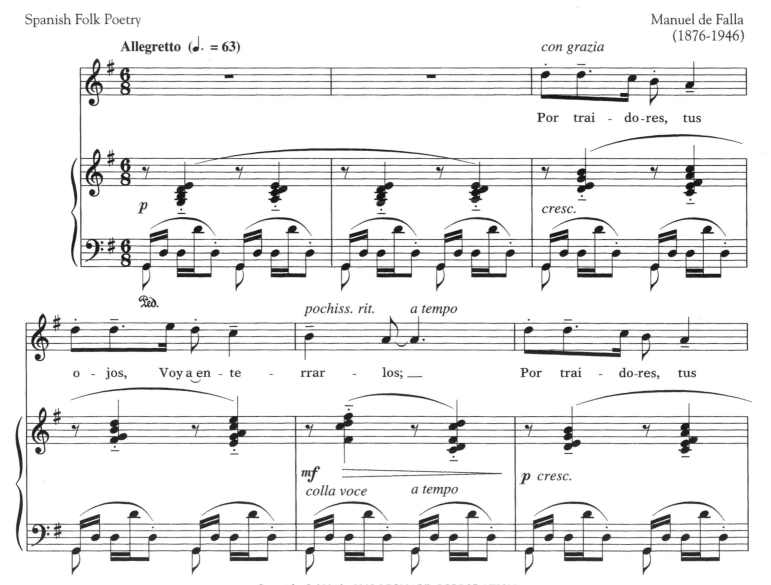

a tempo

pp
a tempo

Di - cen que no me

senza rit.

quie - res, y a me has que - ri - do... ___

Di - cen que no me quie - res, y a me has que -

15

Preludios

Preludios

Madre, todas las noches junto a mis rejas
canta un joven llorando indiferencia:
"Quiéreme, niña,
y al pie de los altares serás bendita."
Esta dulce tonada tal poder tiene
que me pone al oírla triste y alegre;
¿Di por que causa
entristecen y alegran estas tonadas?
"Hija, lo que las niñas como tú sienten
cuando junto a sus rejas a cantar vienen
es el preludio del poema
más grande que hay en el mundo.
Tornada en Santa Madre la Virgen pura
tristezas y alegrías en ella turnan,
y este poema es niña
el que ha empezado junto a tus rejas
y este poema es niña
el que ha empezado junto a tus rejas."

Preludes

Mother, every night by my window
Sings a young man, weeping in apathy,
"Love me, my sweet
And at the foot of the altar you will be blessed."
This sweet melody, such power it has
That it makes me, upon hearing it, sad and happy.
Tell me for what reason
I'm made sad and happy by these melodies?
"My dear, what young women like you feel,
When by windows to sing they come,
Is the prelude of a poem,
The greatest that there is in the world.
Returned to our Holy Mother Virgin pure,
Sadness and happiness in it alternate,
And this poem is a child
That began by your window,
And this poem is a child
That began by your window."

Antonio de Trueba
(1819-1889)

Manuel de Falla
(1876-1946)

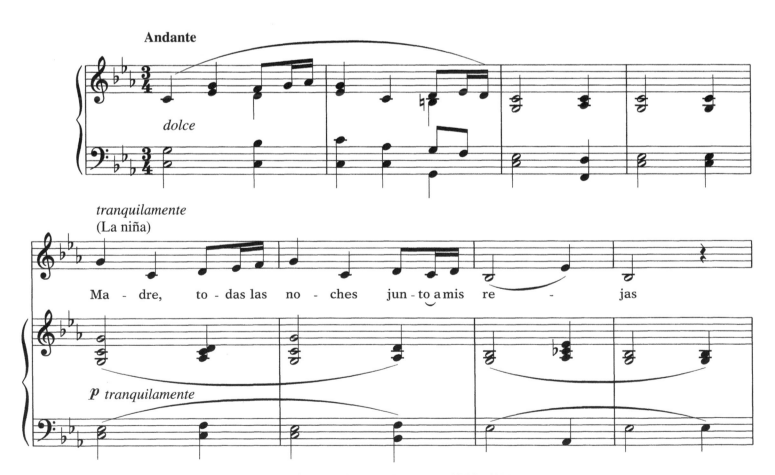

El mirar de la maja

(Tonadilla)

El mirar de la maja

¿Por qué es en mis ojos tan hondo el mirar
que a fin de cortar desdenes y enojos los suelo entornar?
¿Qué fuego dentro llevarán
que si acaso con calor los clavo en mi amor
sonrojo me dan?
Por eso el chispero a quien mi alma dí
al verse ante mí me tira el sombrero
y diceme así: "Mi Maja, no me mires más,
que tus ojos rayos son
y ardiendo en pasión la muerte me dan."

The look of the maja

Why is in my eyes so deep the look?
Trying to cut scorn and anger I tend to close them.
I wonder what fire they carry within
that if by chance with heat I fix them on my love;
they make me blush.
For this, the spark to whom my soul I gave,
upon appearing before me tilts his hat
and says to me: "My Maja! Don't look at me anymore
because your eyes are lightening,
and burning in passion, they give me death."

Fernando Periquet
(1873-1940)

Enrique Granados
(1867-1916)

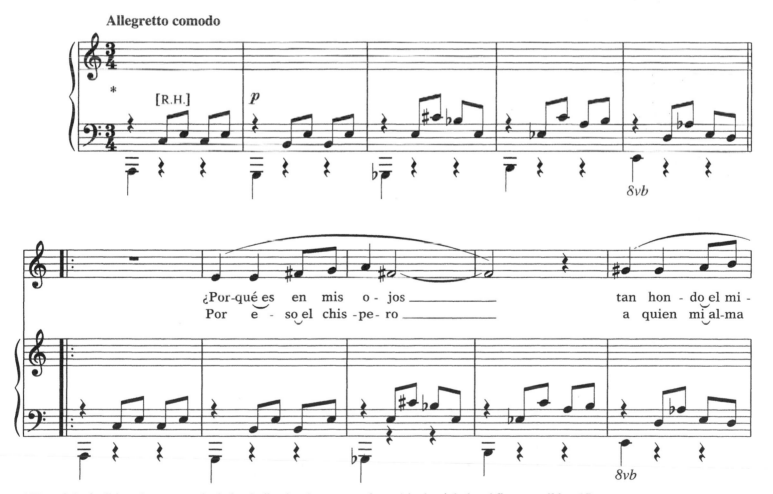

*The original edition shows no articulation indication (staccato or legato) in the right hand figure until bar 17.

El majo tímido

(Tonadilla)

El majo tímido

Llega a mi reja y me mira por
la noche un majo
que en cuanto me ve y suspira, se va
calle abajo.
¡Ay qué tío más tardío!
¡Si así se pasa la vida,
estoy divertida!

The shy majo

A man arrives at my window and looks at me
through the night.
But when he sees me and sighs, he leaves to go
down the street.
Ay! What a late guy.
If thus life passes,
I am amused.

Fernando Periquet
(1873-1940)

Enrique Granados
(1867-1916)

que en cuan-to me ve y sus - pi - ra, se va ca - lle a - ba - jo.

¡Ay qué tí - o más tar - di - o!

¡Si a - si se pa-sa la vi - da, es - toy di - ver - ti - da!

25

El tra la la y el punteado

(Tonadilla)

El tra la la y el punteado	*The tra la la and the plucking*
Es en balde, majo mio,	*It is in vain, my love,*
que sigas hablando,	*that you continue talking,*
porque hay cosas que contesto	*because there are things that in answer*
yo siempre cantando.	*I am always singing.*
Tra la la…	*Tra la la…*
Por más que preguntes tanto,	*The more you ask so much,*
tra la la…	*tra la la…*
en mí no causas quebranto	*in me you don't cause grief,*
ni yo he de salir de mi canto,	*nor do I have to leave my song,*
la la la…	*la la la…*

Fernando Periquet
(1873-1940)

Enrique Granados
(1867-1916)

tan - do. Tra la la la la la   la la la la la la   la   la la la la   la.

al Coda

Por   más   que pre - gun - tes   tan - to,

tra la la la la la la,   en _ mi no cau-sas que-bran-to ni yo he de sa - lir de mi can - to,

la   la la la la   la.

D.S. al Coda

Coda

Es -

Con amores, la mi madre

Canciones clásicas españolas

Con amores, la mi madre	With love, my mother
Con amores, la mi madre,	With love, my mother,
Con amores me dormí;	with love I fell asleep;
Así dormida soñaba	thus asleep, I was dreaming
Lo que el corazón velaba,	that which my heart was hiding,
Que el amor me consolaba	that love was consoling me
Con más bien que merecí:	with more good than I deserved.
Adormecióme el favor	The aid lulled me to sleep.
Que amor me dio con amor;	What love gave me, with love,
Dio descanso a mi dolor	put to bed my pain by
La fe con que le serví.	the faith with which I served you.
Con amores, la mi madre,	With love, my mother,
Con amores me dormí.	with love I fell asleep.

Words by
Juan Anchieta, 15th c.

Fernando Obradors
(1897-1945)

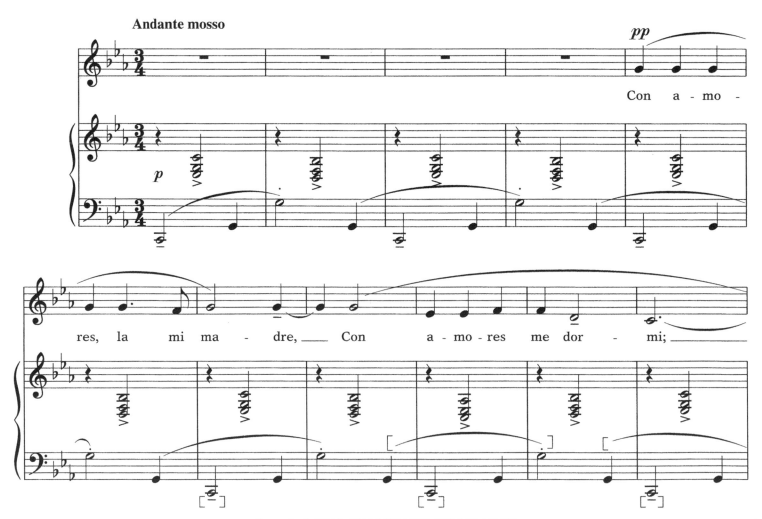

Del cabello más sutil

Canciones clásicas españolas

Del cabello más sutil

Del cabello más sutil
Que tienes en tu trenzado
He de hacer una cadena
Para traerte a mi lado.
Una alcarraza en tu casa,
Chiquilla, quisiera ser,
Para besarte en la boca,
Cuando fueras a beber.
¡Ah!

Of the hair most delicate

Of the hair most delicate
that you have in your braids,
I have to make a chain
to bring you to my side.
A jug in your house,
darling, I would like to be
to kiss you on the mouth
when you went to drink.

Fernando Obradors
(1897-1945)

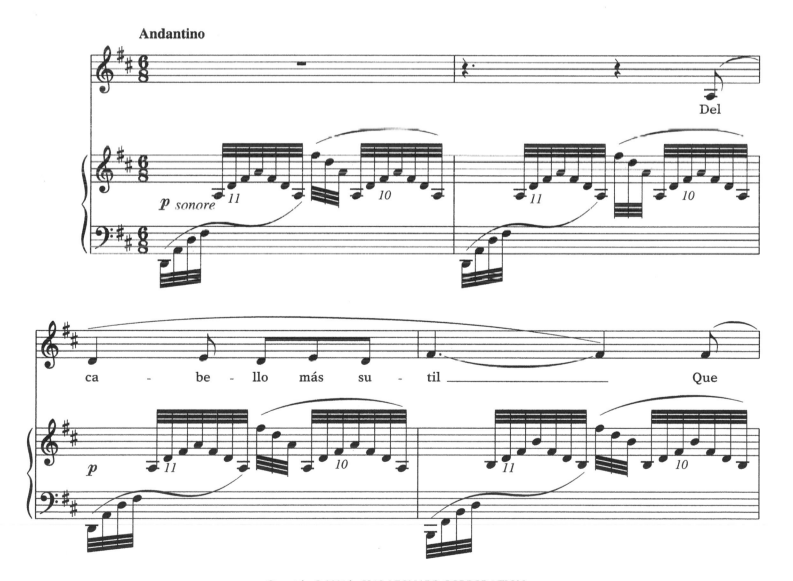

¿Corazón, porqué pasáis…?

Canciones clásicas españolas

¿Corazón, porqué pasáis…?

¿Corazón, porqué pasáis
las noches de amor despierto
si vuestro dueño descansa
en los brazos de otro dueño?
¡Ah!

Heart, why do you pass…?

Heart, why do you pass
the nights of love awake
if your owner rests
in the arms of another master?
Ah!

Anonymous 17th century text

Fernando Obradors
(1897-1945)

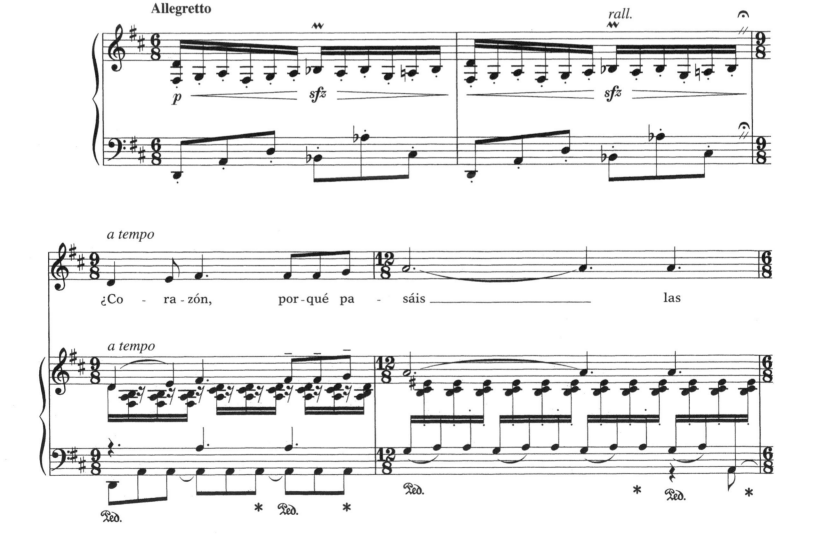

La mi sola, Laureola

Canciones clásicas españolas

La mi sola, Laureola

La mi sola, Laureola
La mi sola, sola, sola.
Yo el cautivo Leriano
Aunque mucho estoy ufano
Herido de aquella mano
Que en el mundo es una sola.
La mi sola, Laureola
La mi sola, sola, sola.

My only Laureola

My only Laureola,
My only, only, only.
I, the captive Leriano,
although much I am proud,
wounded by that hand
that in the world is unique.
My only Laureola,
My only, only, only.

Words by Juan Ponce
16th c.

Fernando Obradors
(1897-1945)

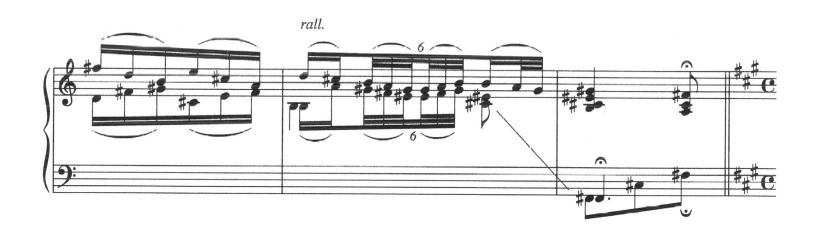

Yo el cau-ti-vo Le-ria - no   Aun-que mu-cho es-toy u - fa - no

He - ri - do de a - que-lla ma - no Que en el mun-do es u - na so - la.

He - ri - do de a - que-lla ma - no Que en el mun-do es u - na so - la.

so - la

Andante

La mi so - la, _____ Lau - re - o - la La mi so - la,

Allegro

so - la, _____

[L.H.]

rall.

6

6

so - la.

f

La paloma blanca

La paloma blanca

Yo soy tu paloma blanca,
Tú eres mi pichón azul,
Arrímame tu boquita,
Para hacer cu ru cu ru.
A la jota, jota que baile Jesusito,
A la jota, jota que baile Jesusito,
A la jota, jota que baile Jesusito,
Cu ru cu ru cu ru.

The white dove

I am your white dove
You are my blue pigeon
Draw close to me your mouth
To woo and coo.
To the jota, the jota, that dances Baby Jesus,
To the jota, the jota, that dances Baby Jesus,
To the jota, the jota, that dances Baby Jesus,
Coo, coo, coo,coo,coo coo.

Mexican Folk Song
Arranged by
Edward Kilenyi
(1884-1968)

Mi sueño

Mi sueño

¡Ay! ¡ sin tu amor moriré, sí mujer!
Porque tú eres ilusión.
Tú le das al corazón,
La ventura que soñé.
No me mires así, porque voy a morir,
Pues no puedo vivir, con desprecio de ti.
¡Ay! vuelve tú a mirar, que es mi adoración,
Tener tú con pasión,
¡Angel de amor!
Que aquí vengo a pedir,
E implorar el perdón,
Por si fuese a morir, ¡Adiós, Adiós!

My dream

Oh! Without your love I'll die, indeed my dear!
Because you are a delusion.
You give my heart
The chance of which I dream.
Don't look at me so, because I will die.
Well, I can't live with your scorn.
Oh! Look again, which is my adoration
To have you with passion,
Angel of Love!
That here I come to beg
And plead forgiveness,
And if I should die, Farewell, Farewell!

Mexican Folk Song
Arranged by
Edward Kilenyi
(1884-1968)

45

46

Più mosso

No me mi - res a - sí,

por - que voy a mo - rir,

Pues no pue - do vi - vir,

con des - pre - cio de ti.